LES ENFANTS DE LOUVIERS

REVUE LOCALE EN 6 ACTES ET 12 TABLEAUX

PAR

MM. ALBERT LAPORTE ET ERNEST RIGODON

REPRÉSENTÉE

Pour la première fois sur le théâtre de Louviers,
le 27 octobre 1867.

EXTRAITS DE LA PIÈCE

Prix : 50 cent.

PARIS

TYPOGRAPHIE MORRIS ET COMPAGNIE

RUE AMELOT, 64.

1867

A MONSIEUR PRÉTAVOINE

MAIRE DE LA VILLE DE LOUVIERS

Souvenir et Reconnaissance

ALBERT LAPORTE et ERNEST RIGODON

LES ENFANTS DE LOUVIERS

LOUVIERS A VOL D'OISEAU

Rondeau chanté par Mlle ADÈLE-DÉSIRÉE, du Théâtre impérial du Châtelet.

AIR : *Liberté des théâtres.*

Je peux te montrer cette ville
En un clin d'œil, si tu le veux.
Au mont des Pétards, c'est facile,
Nous monterons pour la voir mieux.
Car si nous sortons de la gare,
Nous sommes au milieu d'un champ :
Tandis que là-haut l'œil s'égare
Sur un panorama charmant.
Louviers, dans un nid de verdure
Que l'Eure arrose de ses eaux,
Coquette, cache sa figure
Sous l'ombrage de grands coteaux.
Mais avançons, la ville étale
Quartiers nouveaux, vieilles maisons,
Que domine la cathédrale
Avec sa tour à clochetons.
Le Tribunal et la Mairie
Sont là récemment restaurés,
Puis ces palais de l'Industrie
Par les ouvriers illustrés,
Tout auprès la Sous-Préfecture.
Près de la porte de Neubourg
Un château de belle tournure
Avec un grand parc tout autour,
Plus loin une place publique
Pleine d'ombrage et de gazon
Que vient égayer la musique
Des pompiers de la garnison.
Tout forme un gracieux ensemble ;
Mais le plus riche de Louviers
Est le vallon où l'on rassemble
Les fabriques, les ateliers.
C'est là que la vie est active,
Les métiers y sont réunis,
L'Eure étale sur chaque rive
Cette richesse du pays.
Puis, pour embellir la façade
De ses maisons, les boulevards
Leur ont fait une promenade
En comblant les anciens remparts.
Au dehors comme une arabesque,
Les faubourgs englobent Louviers.
Ils ont l'air assez pittoresque

C'est la cité des ouvriers...
Ce que je te dis là t'étonne,
Mais ce n'est rien, car tu verras
Tous les progrès que l'on jalonne
Dedans Louviers à chaque pas!

LOUVIERS TEL QU'IL EST

Rondeau chanté par M. DUNOYER et Mlle ADÈLE-DÉSIRÉE.

LE HASARD.
Oui, je te servirai de guide
Pour voir Louviers, si tu le veux.

JUPITER.
J'accepte, car je suis avide
De renseignements curieux.
D'abord un hôtel, je t'en prie!

LE HASARD.
Ceux du Grand-Cerf et du Mouton
Pourront contenter ton envie,
Blanchet, *Jamin* te le diront.

JUPITER.
Je voudrais me mettre à la mode,
A la grand'mode de Paris...

LE HASARD.
Ru' du Matray, c'est très-commode,
Va chez le tailleur *Lémaris*...

JUPITER.
Un Chapelier?

LE HASARD.
En fait d' coiffure
Ledran possède ce qu'il te faut.

JUPITER.
Un cordonnier?...

LE HASARD.
Pour la chaussure
Va trouver *Houdard* ou *Lesot*.

JUPITER.
En nouveautés?...

LE HASARD.
La ville brille,
Gillem, *Porcher* sont renommés,
D'autres magasins ça fourmille
Des acheteurs très-estimés,
La *Belle Fermière* pour dames...

JUPITER.
Oh! pour dames... je n'en veux pas,
Junon m'a dégoûté des femmes.

LE HASARD.
Je n'en crois rien, tu guériras.

JUPITER.
Je veux des marchands d'autre sorte...
Des parfumeurs et des coiffeurs.

LE HASARD.
Oh! dans Louviers pour peu qu'on sorte,
Que c'est comme un bouquet de fleurs!...

Veux-tu venir chez *Izabelle?...*

JUPITER.

Une femme, jamais!...

LE HASARD.

Mais, non,
C'est un Figaro plein de zèle,
D'une femme il n'a que le nom.

JUPITER.

Je voudrais aussi savoir l'heure,
Des horlogers quel est l' meilleur?...

LE HASARD.

Dans le département de l'Eure
On n' peut aller que chez *Le Halleur*.

JUPITER.

Je veux aux bijoux faire fête.

LE HASARD.

Duvaltier t'en vendra beaucoup.

JUPITER.

Et puis me meubler!...

LE HASARD.

Qui t'arrête?...
Hébert a des meubles de goût...

JUPITER.

Je veux, à toi je le confie,
Me faire faire mon portrait.

LE HASARD.

Commande ta photographie
Chez *Prevost* ou bien chez *Brochet*.
Soit dans la ru', soit sur la place,
Suis-moi, tu trouveras de tout,
Et si quelque achat t'embarrasse,
On a des magasins partout!
Te faut-il des épiceries?
Va voir la *Vie à bon marché*.
Te faut-il des confiseries?
Prends le sucr' de pomm' de *Fouché*;
Charpentier, Gauvin sont fleuristes;
Madam' *Lesage* vend du blanc;
Çà et là je vois des modistes
Qui ne dérogent pas du rang. (*Durand.*)
Frémont te servira d' libraire.
Te faut-il un carrosse? voici
Quelqu'un qui fera ton affaire,
Breton, l' meilleur Normand d'ici!

JUPITER.

Je veux un café, que t'en semble?...

LE HASARD.

Louviers a tout ce qu'il te faut,
Nous irons prendre un verre ensemble
Chez *Pauger, Delfils* ou *Guillot*.

JUPITER.

Oui, je veux vous suivre, mon maître,
D'après vos renseignements, mais
Je suis désireux de connaître
Ceux que vous n'avez pas nommés!

LOUVIERS EN 1867

Ronde chantée par Mmes DUNOYER, ADÈLE-DÉSIRÉE, JACQUET, DARTHENAY, LAROCHELLE et toute la Troupe.

AIR : *Dames de la halle.*

L'HUILE.

Vous m'accorderez, je le pense,
Le droit d'être avec vous ici.

LE GAZ.

Pour faire honneur à ma présence
Vous me l'accorderez aussi?...

L'HUILE.

Je n'aime pas que l'on m'embête,
Je monte vite... ça c'est vrai !...

LE GAZ.

Moi, le gaz me monte à la tête,
Si l'on se fâch', je me fâcherai !...

JUPITER.

Mesdam's, ne vous fâchez pas,
Ça pourrait gâter vos appas!...

CHŒUR.

Vive Louviers, la franche ville,
A la voix du progrès docile
Et de plus en plus à l'industrie utile !

L'EURE.

Voici d'abord la plac' Royale,
On la peigne avec beaucoup d' soin,
Son gazon verdoyant s'étale,
Mais un square au milieu f'rait bien !...

LE PUITS LORY.

Pourquoi le marché dans la grand'rue?
Les passants y sont trop nombreux,
C'est trop étroit, ça gên' la vue,
La plac' de Rouen vaudrait bien mieux.

PREMIER BOURGEOIS.

Une hall' couvert' s'il vous plaît !...
A Louviers très-bien ça ferait.

REFRAIN ET CHŒUR.

L'HUILE.

Si nous avons de belles vues,
Grand' ru', ru' royale, rue aux Sœurs...
Nous avons de vilaines rues
Qui ne plais'nt guère aux promeneurs...

LE BASSIN.

Ru's Sornier, Tourniquet, Tourmente
Et la moitié d' la rue au Coq,
Ça ferait un' liste charmante,
Sans compter la place du Froc...

LE CHEMIN DE FER.

Mais c' qu'on voit d' laid par-ci par-là,
Pour s'embellir disparaîtra !...

REFRAIN ET CHŒUR.

L'EURE.

La ru' Neuve à la demi-lune
Fut percée et l'on eut raison

LE PUITS LORY.
On en perça bien encore une,
Saint-François derrièr' la prison...
PREMIER BOURGEOIS.
On chang' d'un bout la ru' Pampoule ;
Mais que f'ra-t-on de l'autre bout?
L'HUILE.
La ruell' Tarabie, on l'écroule
Pour la refair' avec plus de goût.
LE GAZ.
Le pont Tarabie est refait,
Et franchement l'on a bien fait!...
REFRAIN ET CHŒUR.
LE GAZ.
Le quartier Saint-Germain espère
Que l' gaz bientôt l'éclairera...
L'huile supprim' son réverbère,
Mais le gaz ne vient pas pour ça?
L'HUILE.
La gendarmerie est malade.
Une casern', c'est ce qu'ell' voudrait ;
On devrait changer la façade
De ce pauvre théâtre si laid !
LE CHEMIN DE FER.
Car si nous savons démolir,
Faut aussi savoir rebâtir.
REFRAIN ET CHŒUR.
LE GAZ.
Nous avons une min' féconde
Ici de curiosités,
Nos établissements dans l' monde
Pour célèbres sont réputés.
L'HUILE.
La cathédrale qu'on restaure
Est un monument précieux.
LE GAZ.
Nos filatures sont encore
Des monuments plus curieux.
L'HUILE.
C'est un pays des plus enviés
Que le franc pays de Louviers.

L'ORPHÉON ET LA FANFARE DES POMPIERS

Rondeau chanté par MM. Darthenay, Vrillotte, Dunoyer et Mlle Adèle-Désirée.

Air de *Saltarello*.

L'ORPHÉON.
Je peux, sans être trop modeste,
Dire qu'à Louviers l'orphéon
A — personne ne le conteste —
Comme musique un grand renom.
Dans tous les concours je gagne
Un prix, c'est toujours le premier.

Partout le succès m'accompagne,
Celui de Dieppe est le dernier.

LE POMPIER.

Est-c' pour abaisser mon mérite?
N'y comptez pas, tout Louviers sait
Que mon succès se facilite;
Et grâce à monsieur *Bergeret*,
Veuillez ne pas prendre ma place,
Sinon vous n'aurez pas beau jeu.

L'ORPHÉON.

Ces pompiers, comm' je les tracasse,
Ils s'éteindront s'ils prennent feu!

LE POMPIER.

Mais je crois que l'on nous ravale,
Nous, la fanfare des pompiers
Qu'on entend sur la plac' Royale
Le dimanche charmer Louviers.
Nous sommes des gens de ressource,
Nous fûmes couronnés souvent...

JUPITER.

Quoi! comme les chevaux de course?

LE POMPIER.

Te tairas-tu, vieil insolent?

EUTERPE.

Vous, les enfants de la musique,
Vous feriez mieux de vous unir
En société philharmonique.

L'ORPHEON.

C'est difficile à réunir!...

JUPITER.

Et pourtant c'est c' qui, dans la ville,
Vous fait faute, on le voit ici.
Croyez-vous que c' serait utile,
A c' pauvre orchestre que voici?
(*Il montre l'orchestre du théâtre.*)

L'ORPHÉON *et* LA FANFARE.

Vraiment ce serait magnifique,
Si grâce à nos plaintes naissait
La société philharmonique
Sous Salomé, sous Bergeret!...

LES ENFANTS DE LOUVIERS

Ronde chantée par toute la troupe.
AIR du *Canal Saint-Martin.*

REFRAIN ET CHŒUR.

Oui, voici le refrain des enfants de Louviers,
Ils ont les mêmes cœurs dans les divers métiers.
Blanchisseurs ou cardeurs,
Tisserands filateurs,
Vive, vive à jamais les ouvriers drapiers,
Vive à jamais les enfants de Louviers!

I

Bon époux ou bon père,
Malgré notre air casseur,

Nous narguons la misère,
Le travail donn' du cœur !
Chez nous pas de tristesse
Au travail, au plaisir ;
Mais aussi pas d' paresse!...
Ça n' peut guère s' souffrir!

II

Le plaisir?... On s'y donne,
Quand il faut rigoler,
Mais dam ! on l'abandonne
Quand il faut travailler.
Nos patrons de fabrique,
On peut, sans les nommer,
Dire que l'on s'applique
A s'en faire estimer!...

III

Quand on a du courage,
On travaill' doubl' pour ceux
Qui manqueraient d'ouvrage,
Les malad's, les malheureux!
Car nous sommes tous frères,
Ouvriers et patrons;
Pour guérir les misères
Nous nous réunirons!

(*Reprise du refrain et du chœur.*)

L'INDUSTRIE

Rondeau chanté par Mme DUNOYER.

AIR de *Léonide.*

Je représente mes enfants,
Nobles soldats de l'industrie,
Qui, vouant au travail leur vie,
Luttent en obscurs combattants.
Jetez les yeux dans ces usines
Qui regorgent de travailleurs,
Où parfois le bruit des machines
Se mêle à la voix des chanteurs.
Allez donc voir faire les draps
Dans ces fabriques si coquettes,
Au bruit du tic-tac des navettes
Que meuvent des milliers de bras.
Ah! notre ville industrielle
Du travail est le rendez-vous,
Et notre renommée appelle
La France à traiter avec nous.
Depuis longtemps à notre honneur,
De nos draps nous faisons la vente;
Par eux la ville florissante
A vu centupler sa valeur.
L'Eure, en passant par la ville,
Compte parmi mes ouvriers,
Elle n'est pas la moins utile

Pour le commerce de Louviers.
Vous voyez comme tous les jours,
Pour nous l'art et la Providence
Forment une grande alliance
En nous apportant leur concours.
Aussi l'industrie est prospère,
Et grâce à plus d'un fabricant,
Ses draps aujourd'hui peuvent faire
Honneur à notre nom normand.
Un surtout chez qui l'ouvrier,
Quand arrivait jour de chômage,
Trouvait du pain et de l'ouvrage...
Rappelons-nous monsieur Mercier :
La mort nous a privés d'un père!...
Plaise à Dieu, dans ses ateliers,
Que le travail revienne faire
Le bien-être des ouvriers!...
Je les aime tous, mes enfants,
Nobles soldats de l'industrie, etc.

HIER ET AUJOURD'HUI

L'HISTOIRE

Rondeau chanté par Mlle Adèle-Désirée.

Air : *Valse du Havre.*

Dans Louviers, le passé,
Hélas! est trépassé,
Ce n'est plus un mystère ;
On ne voit que quartiers nouveaux,
Que d'incessants travaux
Ont peine à satisfaire,
Bien des manoirs, bien des châteaux,
Ces témoins féodaux
D'une antique puissance,
Vermoulus, décrépits,
Sèment dans le pays
Quelques rares débris,
Dont seul j'ai souvenance.
Côte des monts de la Villette,
Ces châteaux de mon passé
N'ont, hélas! je le regrette,
Pour vestiges qu'un fossé...
Le château Maillard est une ombre,
Nous n'avons plus pour orgueil,
De cette histoire si sombre,
Que le manoir de Vaudreuil.
Même si nous voulons
Quitter les environs,
Pour entrer dans la ville,
On trouve maintenant
Plus que moi, le présent,

Aux *Lovériens* utile.
L'auberge du Mouton d'argent
N'est plus rien maintenant,
Tombée est sa façade.
La maison des Templiers
Disparut de Louviers;
Cell' des Avancéliers,
Je crois, est bien malade;
Ru' de Neubourg, à l'encoignure,
Une vieille subsiste encor,
Le pilier vert, vieille masure,
Doit bien trembler sur son sort!
Le temps passe,
Il efface
Toute trace,
C'est fini;
Je succombe
Et retombe
Dans la tombe
De l'oubli!
Car c'est la loi du sort,
Le présent est la mort
Du passé mal commode;
Louviers démolit tout le vieux,
Il n'en sera que mieux,
En étant à la mode!

LE PUITS CROSNIER

Couplet chanté par Mlle Adèle-Désirée et M. Dunoyer.

Air : *Mon père était pot.*

LE PASSÉ

Le puits Crosnier, c'est bien certain,
N'est qu'un puits fait en terre;
C'était l'entré' d'un souterrain,
Dit-on, je n'y crois guère,
Ma foi, rien ne puis
Dire sur ce puits,
Son passé me déroute...

JUPITER.

Si la Vérité
N' l'a pas habité,
C' n'est pas son puits, sans doute!

L'HOTEL DE VILLE

Couplet chanté par Mlle Adèle-Désirée.

Air : *Les Amazones.*

Je l'ai connu, mais bien loin est sa trace,
Quand il était sur la porte de Rouen;
On l'a détruit pour le mettre à la place

De Saint-Louis, encore un vieux couvent,
Le tribunal y mit son logement,
Et nous avons un bel Hôtel de Ville,
Par notre Maire, aujourd'hui réparé
Sous les efforts d'un architecte habile,
Ce monument, enfin, est restauré,
Louviers, enfin, a son Hôtel de Ville,
Du haut en bas réparé, restauré,
Et nous devons, au Maire, en savoir gré !

LA VILLE DE LOUVIERS

Rondeau chanté par Mme DUNOYER.

AIR de *Nadaud*.

Oh ! merci, mes amis,
Habitants du pays
De Louviers, nobles fils.
Autour de moi, de vous voir réunis,
Mes souvenirs évoquent mon histoire,
En vous voyant, dans ce jour, je revois
Tout mon passé, plein de deuil et de gloire ;
Jadis, mon règne a regorgé d'exploits.
Sans parler des Romains,
Temps beaucoup trop anciens,
Arrivons au moment
Où nous chassions un ennemi puissant;
C'était l'Anglais, qui sur la Normandie
Aurait voulu régner en souverain,
Mais Louviers fut la seule assez hardie
Pour refuser d'être son suzerain.
Pourtant je n'avais pas
De remparts, de soldats,
Et devant mes bourgeois,
L'armée anglaise a reculé trois fois!
O défenseurs de votre ville mère,
Soyez bénis, que votre souvenir
Soit répandu sur ce jour de misère...
N'ayant pu vaincre, ah ! vous sûtes mourir !
Mais Jeanne d'Arc n'est plus,
Quoi ! serions-nous perdus?
Lahire est prisonnier !
Hélas! hélas ! c'en est fait de Louviers !
Ses habitants, chassés mais toujours braves,
S'en vont, n'ayant ni trêve ni repos,
Qu'ils ne soient plus de l'Anglais les esclaves,
Cette pensée engendre des héros !...
Ce fut bientôt fini
Et l'Anglais fut banni,
La France me le doit.
Mon écusson vous prouve cet exploit !
Car Charles Sept a daigné reconnaître
A sa couronne un pareil dévoûment,

Sur mon blason lui-même il voulut mettre
Ces mots qu'on lit depuis : *Louviers-le-Franc.*
Je revis, je renais,
Et mes jours si mauvais
Furent, grâce à la paix,
De mon histoire effacés à jamais.
Tous les héros, tous les rois, tous les princes
Que la France eut vinrent chez moi souvent
Quand ils allaient visiter nos provinces;
Je me trouvais placée au premier rang.
La guerre ne m'a pas
Désarmé tous mes bras;
On me cite partout
Par mes travaux pour la ville du goût
Et l'industrie à Louviers est la reine,
Car mes soldats ce sont mes ouvriers,
Ces travailleurs de la France, sans peine,
Font honorer les enfants de Louviers.
Oh! merci, etc.

LES PROMENADES

Chantées par Mmes JACQUET, DARTHENAY, LUCIE et M. DARTHENAY.

AIR des *Petits Bateaux.*

LE CHAMP DE MARS.

C'est la mode partout,
La France ne s'occupe guères
Que de faire des squares;
Le mot lui-même est de bon goût.
Le mien est très-goûté.
Et pour peu que l'on sorte,
Près de la vieille porte
De la Société,
On me trouve et l'on dit:
La vue en est charmante.
Le Champ-de-Mars nous tente,
Lui n'est pas trop petit.

LE CHAMP DE VILLE.

Vous êtes grand, c'est vrai,
Mais il vous faut une barrière;
Si vous voulez, ma chère,
La mienne, je vous la prêterai!

LA ROUTE VILLETTE.

Et moi donc, s'il vous plaît,
Je ne suis qu'une route,
Mais tout Louviers, sans doute,
Mieux que vous me connaît.
En promenade, on vient
Route de la Villette,
Et plus d'une fillette,
Le soir, me connaît bien.

Je ne suis pas du tout,
C'est certain, plus que vous commode,
Mais je suis à la mode,
Et dam! j'en profite beaucoup!

L'AVENUE DE LA GARE.

Mais que dirais-je, alors?
Je suis une avenue,
Ma foi! très-mal tenue;
Malgré tous mes efforts,
Pourtant j'aurais bon air,
Messieurs, quoi qu'il en coûte,
Embellissez la route
Qui mène au ch'min de fer.

Ensemble.

Embellissons Louviers,
Faisons-en, grâce à nos parterres,
Routes, places et squares,
Un séjour des plus enviés!

LES BOULEVARDS, LES ENVIRONS

Pot-pourri chanté par Mlle ADÈLE-DÉSIRÉE.

AIR : *A mon château.*

Promeneurs, flâneurs,
S'il vous faut des promenades,
Promeneurs, flâneurs,
Pour vous j'en aurai plusieurs.
Des monts,
Des vallons,
Des boulevards, des cascades,
Des monts,
Des vallons,
Choisissez, nous en avons!

AIR : *Le Chapeau de la Marguerite.*

Nous ferons le tour de la ville,
Qui n'a plus tous ses vieux remparts;
Aujourd'hui la chose est facile,
Grâce à mes charmants boulevards.
C'est là que je vais vous conduire;
Les enfants y jouent au bouchon,
L'amour y fait le folichon,
On entend y chanter et rire;
Aussi partout répète-t-on :
Ah! grand Dieu, grand Dieu qu'il est bon!
L'air qu'aux boulevards on respire!...

AIR du *Pied qui r'mue.*

Mon dernier endroit,
Sur les bords de la rivière,

Mon dernier endroit
Est agréable, ma foi.
Près d'un pont, c'est là que l'on voit (*bis.*)
Un' p'tite allé' de marronniers,
Qui, pour le froid, sont empaillés.
Messieurs les habitants,
Vous viendrez me voir, je l'espère,
Messieurs les habitants,
Vous ne pourrez qu'être contents!

Air : *Turlutaines.*

De ce côté sont les blanchisseuses,
Entendez-les crier : Oh! hé!
Aglaé?
Leurs rires et leurs voix joyeuses
Aux passants font lever le nez.
Aglaé!
Pif! pan! paf! pan!
Langues et battoirs vont leur train,
Et l'écho malin
En répète le refrain.

Air : *Le roi Dagobert.*

Le long du bras du Gril,
Où la rivière fait son babil,
De la Rivette c'est
Le chemin coquet :
Même il est cité
Pour sa propreté.
L'écho de Crosne après
N'obtient pas de plus grands succès!

Air : *Rigoletto.*

Mais la colline
Qui nous domine,
Sur nous incline
Ses forêts de sapins.
Côte coquette
De la Villette,
A l'aveuglette
Courons par tes chemins!
Rêveur qui passe,
L'amour, la chasse
Laissent leur trace
Dans tes discrets ravins.

Air : *Dans son dodo.*

Sur les côtes voisines,
Des Pétards, Saint-Lubin,
Ah! ah!
D'Evreux, sur les collines,
Du banquet ou du pain.
Courons par les ravines

Du Deffent à Montfort.
Si nous voulons des ruines,
On en retrouve encor.
Sur les coco... oh! oh! oh! (*Bis.*)
Sur les collines.

RONDE FINALE

Chantée par toute la troupe.

I

Un jour, *Petit-Bray*, chez *Mation*,
En cachette prit un' collation;
Mais, croyant qu'il s'empoisonnait,
Il avala cent litres de lait.

II

Veut-on manger un *bon* morceau?
Faut aller chez la mère Rouleau;
On n' vous fera pas un bon plat
De giblott', non, c'est le chat!

III

Je vais à la grappe chez *Viron*,
On m'dit que c'est un hôtel bon ton!..
Mais j' préfère un logement,
Au *Chien fidèle* ru' Enguerrand!

IV

Impass' des Quatre Nations,
Que de riches professions!..
Ru's aux Vach's et Pot d'étain,
Quel quartier!... Un vrai chérubin!

V

Quand les pompiers font leur banquet,
Ils prennent aussi leur plumet;
Rue aux Mouch's, c'est un vrai bourdon,
Quand ils sortent de chez Bourdon!...

VI

Nos deux auteurs sont inconnus,
Un seul jour, Louviers les a vus;
Mais leur revue, ils ont l'espoir
Que vous viendrez, messieurs, la revoir?...

Paris. — Typographie Morris et Comp., rue Amelot, 64.

PARIS

Typographie Morris et Comp., 64, rue Amelot

www.ingramcontent.com/pod-product-compliance
Lightning Source LLC
LaVergne TN
LVHW050515160826
845677LV00003B/1140